세계사를 바꾼 향신료의 왕 **후추**

김향금 글 이선주 그림

웅진주니어

세계사의 흐름을 바꾼 톡 쏘는 맛

후추는 코끝을 톡 쏘는 알싸한 향기와 혀를 아리게 하는 매운맛을 내는 향신료입니다.
동서양의 거의 모든 요리에 들어가는 기본양념이자 향신료의 왕이에요.
고기 누린내와 생선 비린내를 없애는 데 주로 쓰이지만, 살균 효과가 있기 때문에
햄과 소시지 같은 가공식품에도 널리 쓰여요. 위액의 분비를 촉진하고
위와 장의 운동을 도와 소화가 잘되게 해 주며 식욕을 돋우어 주지요.
오늘날에는 세계 어느 나라 슈퍼마켓에서도 후추를 값싸고 손쉽게 구할 수 있습니다.
옛날에는 사정이 완전히 달랐어요. 로마 제국에서는 후추 1그램과 황금 1그램을
바꿀 만큼 후추가 비쌌대요. 500여 년 전, 유럽 사람들은 '후추의 땅'을 찾아서 앞다투어
위험한 항해를 떠났어요. 후추가 나는 아시아의 나라들은 번영을 누렸지만 식민지가 되는
아픔을 겪기도 했지요. 후추에는 세계사의 흐름을 뒤바꾼 거대하고 복잡한 이야기가 숨어 있답니다.
도대체 톡 쏘는 맛의 후추가 무엇이기에 이런 일들이 일어났을까요?

향신료

음식의 맛과 향을 돋우기 위해 넣는 후추, 마늘, 생강, 참깨,
겨자, 고추, 고추냉이나 정향, 샤프란, 육두구, 계피 들을
'향신료'라고 해요. 향신료마다 독특한 향과 매운맛이 나지요.
향신료는 식물의 꽃과 열매, 씨앗, 뿌리, 나무껍질에서 얻어요.
식물의 줄기나 잎에서 얻는 건 '허브'라고 해서 구별하지요.

열대 지방에서 자라는 덩굴 식물

후추나무는 무덥고 비가 많이 오는 열대 지방에서 자랍니다.
후추나무는 종려나무같이 키 큰 나무를 버팀목으로 기어오르는
여러해살이 덩굴 식물이에요. 야생에서는 6~9미터까지 자라는데,
흰 꽃이 피고 진 뒤 완두콩만 한 크기의 초록색 열매가 빽빽한
송이로 열려요. 대개 한 나무에 30~40개의 송이가 달리지요.
이 열매를 따서 말린 것이 바로 후추예요.
인도의 후추 농장으로 가면 후추나무를 볼 수 있습니다.
후추 열매를 거두는 12월 중순이 되면 일꾼들이 농장으로 모여들어요.
남정네들은 위태위태해 보이는 사다리를 딛고 서서 높은 곳에 열린
후추 열매를 따요. 여인네들은 손 닿는 곳에 있는 후추 열매를 따지요.
여인네들이 부르는 노랫소리가 후추 농장에 흥겹게 울려 퍼져요.
"좋지 않나요? 딸 것이 많으니 좋지 않나요?
풍성한 수확이 이 해안을 행복하게 하리라."

후추

학명 피페르 니그룸 Piper nigrum, 후추과에 속하는 덩굴 식물.
인도 남서부 말라바르 해안의 산악 지방이 원산지예요.
오늘날에는 인도, 베트남, 인도네시아, 브라질에서 주로 생산되고
있어요. 크고 두꺼운 잎에는 평행선 모양의 독특한 잎맥이 나 있어요.
잎의 반대쪽에서 가시 모양으로 생긴 작고 흰 꽃이 피지요.
초록색 열매가 송이로 열리는데 익으면서 붉게 변해요.

세 가지 색 후추와 매운맛의 비밀

이렇게 딴 후추 열매는 발로 밟아서 열매와 잔가지를 분리시킵니다. 편평한 곳에서 사나흘 햇볕에 잘 말리면 색깔이 검게 변하면서 무게가 3분의 1로 줄어들지요. 이게 우리가 흔히 먹는 검은 후추예요. 흰 후추는 완전히 익은 붉은 열매를 따서 껍질을 벗긴 뒤에 말린 거예요. 매운맛을 내는 성분이 껍질에 있기 때문에 흰 후추가 검은 후추보다 덜 매워요.
요즘 인기 있는 녹색 후추는 열매가 익기 전에 거두어들여서 소금물이나 식초에 담가 밀봉하거나 냉동 건조하는 등 간단하게 처리하여 얻지요.
후추의 톡 쏘는 매운맛은 피페린과 채비신이라는 성분에 있어요. 독특한 냄새와 향기는 정유에서 나오지요. 정유는 식물의 잎·줄기·열매·꽃·뿌리에 있는 향기로운 휘발성 기름으로, 후추 열매에는 1~3% 정도 들어 있어요. 피페린과 정유 성분이 많을수록 품질이 좋은 후추랍니다.

검은 후추 껍질째 햇볕에 잘 말려요.

흰 후추 물에 담가 두었다가 잘 비벼서 껍질을 벗겨 내요.

녹색 후추 절이거나 냉동 건조해서 신선한 맛이 나요.

인도의 후추 해안

인도 대륙의 서남부에 있는 말라바르 해안은 '후추 해안'으로 알려져 있어요.
이 지역은 후추의 원산지이자 세계에서 가장 질 좋은 후추가 나는 곳이에요.
코친(코치)은 말라바르 해안에 있는 항구 도시예요. 이곳에서 어마어마한 양의
후추가 팔려 나가지요. 사람들은 질 좋은 후추를 사기 위해서 후추 열매가 깨끗하게
잘 말랐는지, 맛과 냄새는 어떤지 꼼꼼하게 살펴요.
큰 배들이 닻을 내리면 코친 항구는 갑자기 활기에 넘쳐요. 창고가 길게 늘어선
부둣가는 사람들로 시끌벅적거리지요. 짐꾼들이 후추 자루를 연신 배에
실어 날라요. 이 배들은 후추를 싣고 세계 여러 나라로 떠날 거예요.
이천여 년 전에도 후추를 잔뜩 실은 배가 로마로 향했듯이.

스파이스 루트를 따라 로마 제국으로 간 후추

이천여 년 전, 로마 귀족들은 후추에 푹 빠져 있었어요. 문제는 후추가 유럽에서 한 알도 나지 않는다는 거였죠.
"나의 제국에는 없는 것이 없지만 후추만이 없다."
로마 제국의 열여섯 번째 황제인 마르쿠스 아우렐리우스는 한숨을 내쉬었죠.

사정이 이러니 후추는 모두 수입해야 했어요. 로마 사람들은 큰 배를 띄워 인도로 직접 후추를 사러 갔지요. 후추는 인도의 말라바르 해안에서 배에 실려 아라비아 해를 건너, 페르시아 만이나 홍해를 지나왔고, 거기서부터는 땅 길로 유럽의 여러 나라로 전해졌어요.

후추 선물
머나먼 인도에서 들여오는 후추는 '검은 황금'으로 불릴 만큼 비싼 사치품이었고 한 알씩 사고팔 정도로 귀한 대접을 받았어요. 로마 제국에서는 요리에 후추를 뿌려야 부자로 행세할 수 있었고, 겨울 축제 때는 후추를 선물로 주고받는 게 풍습이었죠.

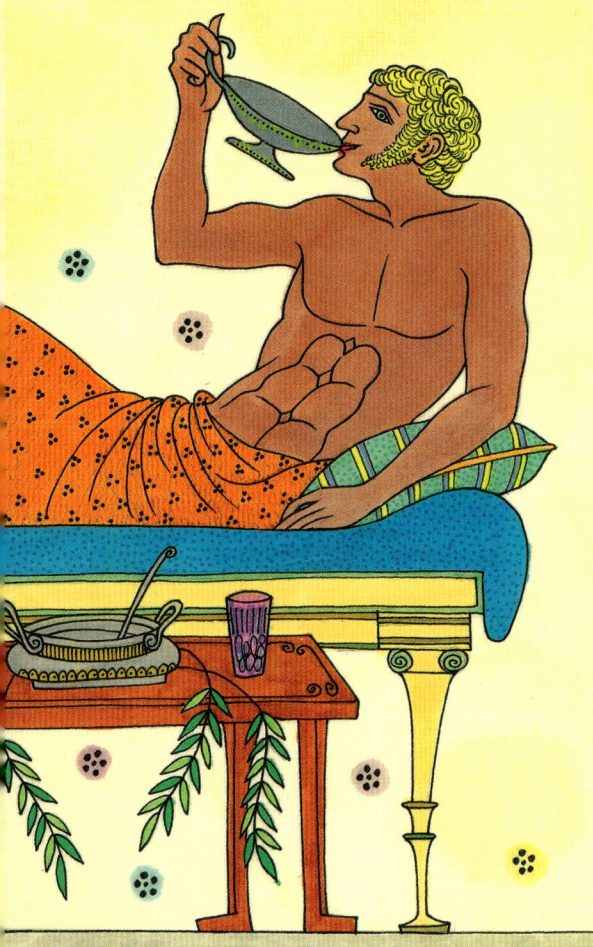

로마 귀족의 입맛을 사로잡은 후추

로마 귀족들은 떠들썩한 연회를 열어 산해진미를 즐겼어요. 귀족들이 긴 의자에 비스듬히 누워 요리를 먹는 동안, 노예들은 공작 깃털 부채를 부쳐 음식에 달라붙는 파리를 쫓고, 손 씻을 물을 대령하고, 포도주 시중을 들었지요.

연회 요리는 입맛을 돋우는 전채 요리, 고기와 생선 위주의 본 요리, 후식 순으로 나왔고, 차려 낸 요리 가운데에서 몇 가지를 골라 먹는 뷔페식이었어요. 식재료의 맛을 살린 담백한 음식은 로마 귀족들의 입에 맞지 않았어요. 고기나 생선을 적어도 열두 가지 향신료가 범벅이 된 걸쭉한 소스에 적셔 먹었는데 그런 소스에는 후추가 빠짐없이 들어갔어요.

로마 제국의 한 요리책에 따르면 요리의 80%에 후추를 뿌렸대요. 로마의 요리사들은 매운맛, 단맛, 신맛이 뒤섞인 자극적인 맛을 내기 위해서 후추를 비롯한 여러 가지 향신료를 이용했어요.

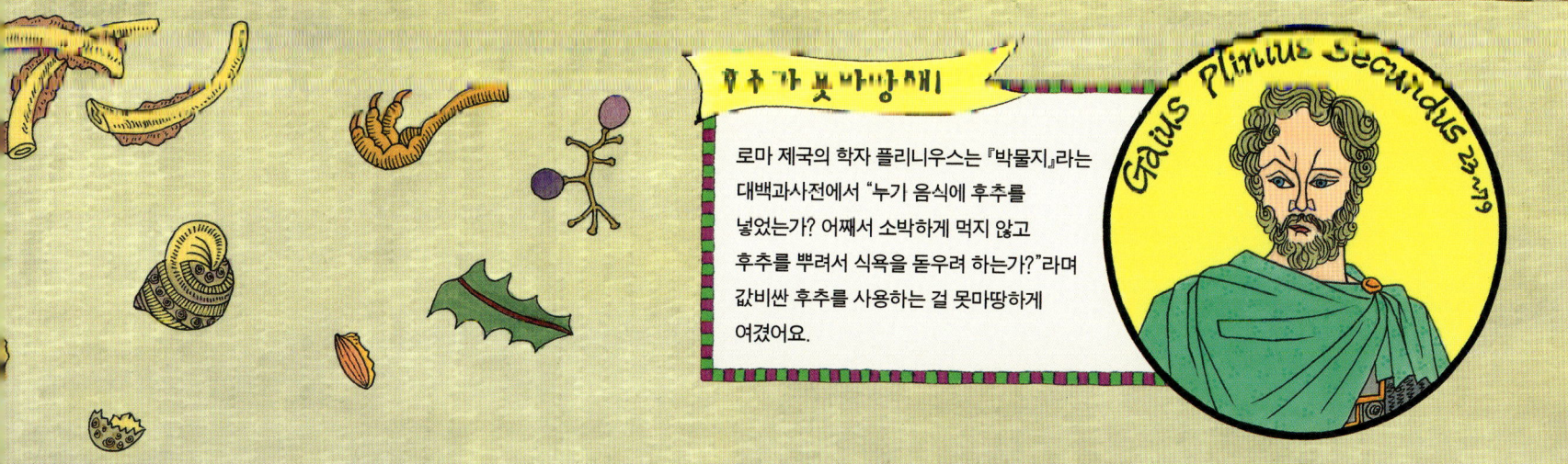

후추가 못마땅해!

로마 제국의 학자 플리니우스는 『박물지』라는 대백과사전에서 "누기 음식에 후추를 넣었는가? 어째서 소박하게 먹지 않고 후추를 뿌려서 식욕을 돋우려 하는가?"라며 값비싼 후추를 사용하는 걸 못마땅하게 여겼어요.

Gaius Plinius Secundus 23~79

후추 무역을 독점한 신드바드의 후예들

뱃사람 신드바드는 삼각돛을 단 배를 타고 환상적인 모험 여행을 떠났어요. 신드바드는 인도의 말라바르 해안에도 들렀어요. 고향에서 싣고 간 구리와 황동, 양탄자, 대추야자 열매, 면, 아마를 팔고 인도의 후추와 향신료, 중국의 비단과 도자기, 아프리카의 상아를 사들였어요. 목숨을 잃을 뻔한 위기를 여러 번 넘기면서도, 신드바드는 언제나 부자가 되어 고향 바그다드에 돌아왔어요.

476년에 서로마 제국이 망하고 7~8세기부터는 이슬람 상인들이 후추를 비롯한 향신료 무역을 독점했어요. 신드바드는 『아라비안나이트(천일야화)』에 등장하는 주인공이지만, 실제로는 인도로 진출한 이슬람 상인을 가리키는 페르시아 말이었죠. 신드바드의 모험은 그 당시 이슬람 상인들의 활약상을 보여 주는 것이랍니다.

이슬람 상인들은 아라비아 해와 인도양을 항해하는 데 계절풍을 이용했어요. 계절마다 달리 부는 바람의 방향을 알지 못하면 배가 뒤집히기 일쑤였지요. 꾀 많은 이슬람 상인들은 바람의 방향이 바뀌기를 기다렸다가 순풍을 타고 안전하게 항해했답니다. 동서양을 잇는 바닷길은 이슬람 상인들의 독무대가 되었어요. 직접 향신료 교역을 할 수 없게 된 서유럽에서는 왕족들이나 겨우 후추를 먹을 수 있었지요.

계절풍

계절풍을 뜻하는 '몬순'은 아라비아 어로 계절을 뜻하는 '마우심'에서 나온 말이지요. 계절에 따라 대륙과 바다의 온도 차이 때문에 생긴 바람을 계절풍이라고 해요. 인도양 북부의 벵골 만과 아라비아 해는 겨울에는 북동 계절풍이 불어 서쪽으로 항해하기에 유리하고, 여름에는 남서 계절풍이 불어 동쪽으로 항해하기에 유리하지요.

십자군 전쟁 뒤에 유럽에 널리 퍼진 후추

11세기부터 13세기까지 200여 년간 유럽 사람들은 이슬람 국가를 상대로 성지 예루살렘을 되찾겠다며 십자군 전쟁을 벌였어요. 유럽 사람들은 십자군 전쟁에 참여하면서 동방, 즉 유럽의 동쪽에 있는 인도와 아시아에서 온 세련된 문화와 사치품을 접하게 되었어요. 후추를 비롯한 향신료가 유럽 사람들의 입맛을 다시 사로잡게 된 것이지요.

중세 유럽 사람들이 상한 고기 냄새를 없애거나 고기를 오래 보관하기 위해서 후추를 뿌렸다고 하는데, 이건 완전히 잘못 알려진 사실이에요. 후추가 고기보다 훨씬 비싼 데다가 귀족들은 영지에서 사냥한 신선한 고기를 먹었거든요.

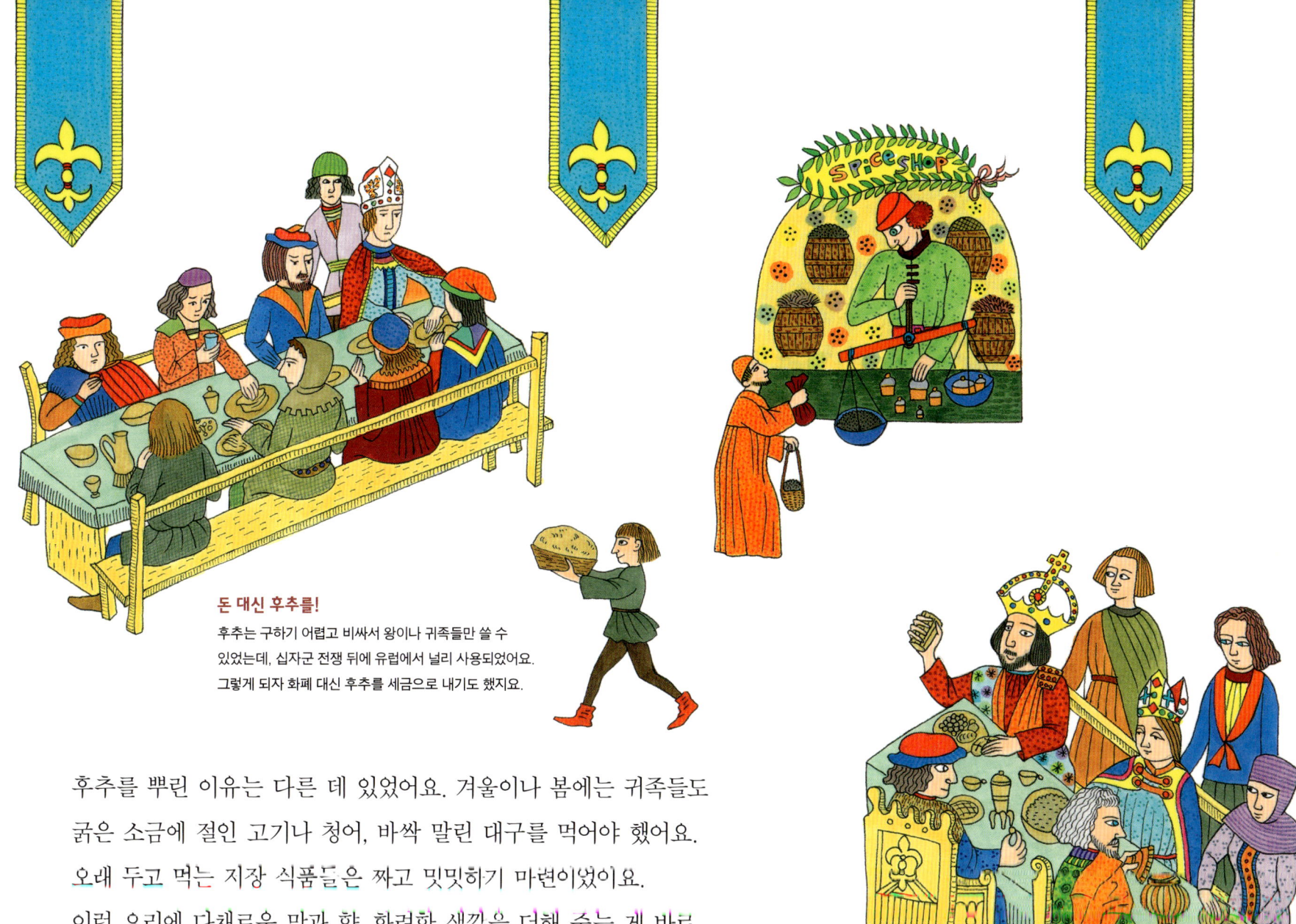

돈 대신 후추를!
후추는 구하기 어렵고 비싸서 왕이나 귀족들만 쓸 수 있었는데, 십자군 전쟁 뒤에 유럽에서 널리 사용되었어요. 그렇게 되자 화폐 대신 후추를 세금으로 내기도 했지요.

후추를 뿌린 이유는 다른 데 있었어요. 겨울이나 봄에는 귀족들도 굵은 소금에 절인 고기나 청어, 바싹 말린 대구를 먹어야 했어요. 오래 두고 먹는 저장 식품들은 짜고 밋밋하기 마련이었어요. 이런 요리에 다채로운 맛과 향, 화려한 색깔을 더해 주는 게 바로 후추 같은 향신료가 듬뿍 든 소스였지요. 향신료를 많이 뿌린 음식이 최고의 요리로 대접받았어요.
게다가 중세 유럽의 의사들은 고기나 생선의 차고 축축한 성질을 향신료의 뜨겁고 마른 성질로 보완할 수 있다고 믿었어요. 후추가 듬뿍 든 소스는 음식인 동시에 약이었던 거죠.

후추에 열광한 중세 유럽 사람들

중세 유럽 사람들은 후추에 열광했어요. 단순히 후추 맛에 반했던 것일까요?
아니, 그건 후추가 불러일으키는 굉장한 환상 때문이었지요.
후추나무를 지키는 뱀 이야기를 보면 중세 유럽 사람들이 후추에 대해서 얼마나
터무니없는 환상을 품었는지 짐작할 수 있어요. 인도에 가면 뱀들이 후추나무
숲을 지키는데, 후추가 익는 계절이 오면 원주민들이 불을 질러서 뱀을 쫓아낸대요.
그렇게 해서 불에 그을린 검은 후추가 만들어진다는 거예요.
또 다른 황당한 이야기는 후추를 포함한 향신료가 유럽의 동쪽 어딘가에 있다는
지상 낙원에서 흘러나오는 강물을 통해서 인간 세상으로 나온다는 거예요.
지상 낙원으로 가는 입구에 사는 사람들은 매일 하늘에서 떨어지는 빵과
야생 벌꿀과 후추로 만든 음료를 마시며 산다나요!
후추는 머나먼 땅, 온갖 보물이 가득하다고 소문난 동방에서 온 물건이었어요.
후추를 뿌린다는 것은 남들보다 멋지고 부유해 보이는 사치품이나 명품을
갖고 있다고 뽐내는 것과 비슷한 일이었죠. 중세 유럽 사람들은 이런 환상을
품은 채 '후추의 땅'인 동방에 가고 싶어서 안달복달했답니다.

황금알을 낳는 후추 무역

중세 유럽에서 귀족과 요리사들이 향신료를 사는 데 큰돈을 쓴 반면, 향신료 상인들은 어마어마한 돈을 벌어들였어요. 후추는 향신료 무역의 대부분을 차지했는데, 이런 향신료 무역은 이익이 많이 남았어요. 황금알을 낳는 후추와 향신료 무역에 사람들이 관심을 가지는 것은 당연한 일이었지요.

15세기에는 말레이 반도의 중서부에 위치한 말라카(오늘날의 믈라카)가 후추를 비롯한 향신료 무역의 중심지가 되었어요. 말라카를 중심으로 유럽과 중국을 연결하는 바닷길은 향신료를 실은 배들로 북적거렸어요. 이 뱃길을 통해 온갖 향신료가 지중해 연안에 위치한 이집트의 알렉산드리아로 운반되면, 이탈리아 상인들에 의해 베네치아, 제노바, 피사 같은 항구 도시로 옮겨져 전 유럽으로 전해졌어요.

이 가운데 베네치아가 후추 무역의 중심지로 떠올랐어요. 지중해의 새로운 강자로 떠오른 이슬람 세력과 사이좋게 지내면서 유럽의 후추와 향신료 무역을 독점한 것이지요. 베네치아의 전성기는 유럽에서 후추가 가장 많이 사용된 12~16세기와 정확하게 일치해요. 베네치아는 빠르고 안전한 상업용 갤리로 후추를 비롯한 향신료를 운반했어요.

후추 무역으로 번영한 베네치아

이른 아침부터 베네치아의 리알토 다리 주변에 거미줄같이 뻗어 있는 상점에서 후추와 향신료를 팔고 있었어요. 리알토 다리는 '바다의 뱀'이라는 별명이 붙여진 대운하에 세워져 있었지요. 대운하 주위에는 후추를 비롯한 국제 무역으로 큰 부를 쌓은 귀족들이 세운 웅장한 대리석 궁전들이 즐비했어요. 귀족들은 둥근 반원형 아치에 기둥이 우아하게 늘어선 로지아 발코니에서 운하의 경치를 내려다보았고, 일반 주민들은 곤돌라 사공과 한가로이 이야기를 나누었지요.

부유한 베네치아 사람들은 보석으로 치장하고 값비싼 옷을 입는 데 많은 돈을 쓰며 호화로운 생활을 했어요. 맛있는 음식이 잔뜩 차려진 만찬에는 춤과 어릿광대 극, 곡예 같은 볼거리가 으레 따랐지요. 대운하 양쪽에 늘어선 호화로운 궁전들과 화려한 사람들의 옷차림에서 베네치아의 번영을 엿볼 수 있었어요.

하지만 포르투갈을 비롯한 유럽 여러 나라는 베네치아가 후추 무역을 독차지한 것에 불만을 품고 호시탐탐 딴 길을 찾기 시작했어요.

베네치아 귀족
베네치아의 번영은 귀족들의 옷차림에도 드러났어요. 멋진 모자, 화려한 무늬의 벨벳 망토, 색색의 스타킹으로 부유함을 자랑했어요.

포르투갈의 항해 왕자

딴 길이래 봤자 유럽에서는 아프리카 서해안을 빙 돌아 아라비아 해를 통해 인도로 가는 수밖에 없었어요. 아프리카 서해안을 도는 길에는 포르투갈 사람들이 열성적으로 앞장섰어요. 포르투갈이 지중해와 대서양의 경계에 있었기 때문이지요. 게다가 포르투갈의 왕자 엔히크는 탐험에 대해서라면 지칠 줄 모르는 열정을 지녔어요. 1415년 엔히크는 지브롤터 해협의 맞은편에 있는 아프리카의 세우타를 점령했어요. 엔히크는 세우타 시장에서 후추 같은 먼 곳에서 온 향신료를 처음 보며 새로운 세상에 눈떴어요. 아프리카 해안을 따라 남쪽으로 뻗어 있는 알려지지 않은 세계에 대한 강한 호기심이 싹텄지요.

보자도르 곶

엔히크, 유럽 노예 무역의 창시자

엔히크는 포르투갈의 왕, 주앙 1세의 셋째 아들로 태어나, 왕위에 오르지도 않고 결혼도 하지 않은 채 탐험에만 몰두해서 항해 왕자라고 불려요. 그러나 엔히크는 '유럽 노예 무역의 창시자'였어요. 1444년 포르투갈의 라고스에서는 흑인 노예 시장이 열렸어요. 영문도 모르고 끌려온 흑인들은 하늘을 원망하며 눈물범벅이 되었어요. 갓난아기와 헤어지지 않으려는 여인들의 울부짖음이 땅을 울렸지요. 엔히크가 죽은 뒤에도 포르투갈은 계속 아프리카 사람들을 노예로 삼고, 풍부한 자원을 빼앗았어요. 아프리카 서해안의 기니 만에는 후추 해안, 곡물 해안, 상아 해안, 황금 해안, 노예 해안이라는 슬픈 이름이 생겨났어요.

엔히크는 포르투갈 남부의 사그레스에 해양 학교를 설치하고 배와 지도, 항해 연구에 몰두했어요. 수많은 뱃사람들의 생생한 경험을 모으고 정리했지요. 1418년부터는 아프리카 쪽으로 끊임없이 탐험대를 보냈어요. 1435년, 엔히크가 보낸 탐험대는 당시 유럽 사람들이 '세상의 끝'이라고 믿었으며 포르투갈 말로 '불룩 튀어나온 곳'이라는 뜻의 보자도르 곶에 다다랐고, 절벽 아래로 물이 끓어오르고 개의 머리를 한 낯선 사람들이 산다고 믿었던 그 땅을 넘게 되었어요.

카라벨, 바다를 달리는 탐험용 배

엔히크는 사그레스 해양 학교에서 얼마 떨어지지 않은 라고스 항구에
조선소를 세우고 탐험용 배 카라벨을 만들었어요.
카라벨은 포르투갈이 바다의 개척자가 되는 데 큰 역할을 해냈지요.
탐험용 배는 짐을 잔뜩 싣고 지중해를 누비는 상업용 배와는 달라야 했어요.
소수 정예의 탐험대를 싣고 다니며 탐험을 통해서 알아낸
'새로운 땅에 대한 소식'을 갖고 재빨리 돌아올 수 있어야 했어요.
삼각돛을 단 작고 빠른 배, 카라벨은 탐험가들의 표준이 되는
배였어요. 베네치아의 경험 많은 뱃사람인 알비제 카다모스토는
카라벨을 '바다를 달리는 가장 훌륭한 배'라고
침이 마르도록 칭찬했지요.
아프리카의 희망봉을 돈 바르톨로메우 디아스와
인도에 도착한 바스쿠 다 가마는 물론이고,
대서양을 건넌 콜럼버스가 이용한 세 척의
배 중 니나 호와 핀타 호도 카라벨이었어요.

카라벨은 아랍의 배 다우를
본떠 큰 삼각돛을 달았어요.
삼각돛은 맞바람을 맞으며
항해할 때 유리했어요.

값비싼 후추를 위한 목숨을 건 탐험

탐험용 배가 만들어지고 항해 기술이 발달했지만 먼 바다를 향해 나가는 것은 여전히 위험한 일이었어요. 하지만 유럽 사람들은 향신료 무역이 가져다줄 엄청난 부를 좇아 위험한 탐험을 계속했어요. 최근 1545년 지중해에서 침몰한 영국 선박을 건져 올렸는데 익사한 선원들 모두의 주머니에서 후추가 한 주먹씩 나왔어요. 위급한 순간에 다들 배에서 가장 값비싼 물건이었던 후추를 챙겼던 것이지요.

카라벨은 가볍고 배의 몸집이 물밑으로 가라앉는 부분이 얕아서 배를 조사하거나 손질할 때 해안에 대기가 편했어요.

후추 전쟁, 서쪽으로 간 콜럼버스

15세기 유럽에서는 후추의 땅, 인도로 가는 길을 누가 먼저 찾는가 하는 '후추 전쟁'이 벌어졌어요. 이 시절 세계 지도에는 아시아와 유럽, 아프리카 대륙만이 그려져 있었어요. 아프리카와 아시아가 연결되어 인도양이 닫힌 바다로 그려졌고요. 아프리카의 전체 모습도 제대로 알려지지 않았을 때였어요. 다만, 지구가 둥글다는 사실은 그 당시에도 알려져 있었어요. 하지만 아메리카 대륙이 있다는 사실을 몰랐기 때문에 지구의 크기는 실제보다 훨씬 작게, 대서양의 너비는 실제보다 훨씬 좁게 계산을 했어요. 콜럼버스가 인도로 가려면 서쪽으로 가야 한다고 철석같이 믿은 게 당연했지요!

1488년 콜럼버스는 포르투갈의 왕 주앙 2세에게 서쪽으로 가면 인도에 갈 수 있다고 설득하는 중이었어요. 그런데 운 사납게도, 그때 바르톨로메우 디아스가 아프리카의 남쪽 끝인 희망봉에 이르렀다가 막 포르투갈로 돌아왔지 뭐예요? 포르투갈 왕은 아프리카를 빙 돌아 동쪽으로 인도에 가면 된다는 희망이 생기자 콜럼버스에게서 등을 돌려 버렸어요. 콜럼버스는 쓸쓸하게 포르투갈을 떠날 수밖에 없었지요. 에스파냐 여왕을 어렵사리 설득한 끝에, 1492년 8월 3일 콜럼버스는 에스파냐의 팔로스에서 산타 마리아 호를 비롯한 세 척의 배를 얻어 인도를 향해 서쪽으로 출발했어요.

에스파냐의 여왕, 이사벨 1세
이사벨 1세는 콜럼버스를 해군 제독에 임명하고 탐험용 배를 내어 주었어요.

후추도, 황금도 가져오지 못한 콜럼버스

콜럼버스는 항해를 시작한 지 겨우 36일 만에 서인도 제도의 산살바도르 섬에 도착했어요. 콜럼버스는 아메리카 대륙으로 네 차례 항해를 했지만 죽을 때까지도 자신이 인도에 도착한 걸로 알고 있었어요.

콜럼버스는 바람이 부는 방향을 잘 알고, 바람을 타고 항해할 줄 아는 능수능란한 항해사였어요. 먼저 아프리카의 카나리아 제도까지 내려간 다음, 거기서부터 북동 무역풍을 타고 서쪽으로 항해를 해서 서인도 제도까지 갔다가, 유럽으로 돌아올 때는 편서풍을 타고 순조롭게 왔어요.

아메리카 대륙이 없다고 가정하면 이 바람을 타고 인도로 갈 수 있다고 계산한 것이 무리가 아니었지요.
콜럼버스가 항해에서 돌아왔을 때 유럽 사람들의 반응은 시큰둥했어요. 나중에는 진짜로 인도에 간 게 맞느냐고 수군거리기까지 했지요. 콜럼버스는 엄청난 투자를 받았지만 후추도, 황금도 가져오지 못했거든요. 콜럼버스가 후추 대신 가져온 것은 '아히', 고작 고추였어요.

콜럼버스가 아메리카 대륙을 발견했다고?

1775년에 미국인들은 영국과의 독립 전쟁 이후 자신들의 나라를 세우면서, 콜럼버스를 영웅으로 만들기 시작했어요. 콜럼버스를 창조적인 인물로 내세우기 위해서 달걀을 깨서 세웠다거나 지구가 둥글다는 사실을 설득했다는 등 '가짜 위인전'을 만들기도 했지요. 콜럼버스가 주인 없는 땅인 아메리카를 발견했다고 해야 유럽에서 온 자신들이 아메리카에 나라를 세우는 데 유리했으니까요.
하지만 아메리카에는 오래전부터 원주민들이 살았으니 '발견'이라는 말은 얼토당토않아요.

후추 전쟁, 동쪽으로 간 바스쿠 다 가마

인도를 찾아 서쪽으로 간 콜럼버스와 달리 포르투갈의 탐험대는 아프리카를 빙 돌아 동쪽으로 향했지요. 1498년 7월, 바스쿠 다 가마가 이끄는 포르투갈 배 네 척이 인도의 말라바르 해안에 있는 항구 도시 캘리컷(오늘날의 코지코드)에 도착했어요.

캘리컷은 후추 무역으로 번영을 누리고 있었어요. 이슬람, 중국, 동남아시아에서 온 상인들로 북적거리고 있었지요. 인도로 가는 길을 찾았다고 생각한 유럽 사람들이 오히려 인도에 뒤늦게 도착한 거예요. 캘리컷의 수장 자모린은 다이아몬드가 박힌 팔찌를 차고, 진주 목걸이를 온몸에 휘감고 녹색 비단 의자에 앉아 있었어요. 반면에 바스쿠 다 가마 일행이 내놓은 선물이라 봤자 고작 빨간 모자, 꿀단지, 구리 대야 따위였지요.

후추를 가득 싣고 돌아간 바스쿠 다 가마는 리스본에서 열렬한 환영을 받았어요. 인도에서 가져온 후추는 큰 이익을 안겨다 줬어요. 바스쿠 다 가마는 귀족 지위와 엄청난 재산을 얻었지요.

Vasco da Gama 1469~1524

최초의 식민주의자

1502년 바스쿠 다 가마는 캘리컷에 다시 갔어요. 이번에는 캘리컷을 식민지로 만들 속셈이었어요. 바스쿠 다 가마는 수많은 사람들을 잔인하게 죽이고 보물을 마구 빼앗았어요. 처음 항해 때부터 포르투갈 왕의 서명이 새겨진 돌기둥을 싣고 가서, 인도 곳곳에 세워 놓고 자신들의 땅이라고 주장했었지요. 1998년 바스쿠 다 가마가 캘리컷에 상륙한 지 500주년이 되는 해에 포르투갈에서는 축하 행사가 대대적으로 열린 반면, 인도에서는 격렬한 항의 행진이 벌어졌어요. 포르투갈 사람들에게는 바스쿠 다 가마가 위대한 탐험가였지만, 인도 사람들에게는 잔인한 식민주의자였던 것이지요.

지중해 시대에서 대서양 시대로

결국 후추 전쟁의 승자는 포르투갈이었어요. 1503년 포르투갈의 수도 리스본의 후추값은 베네치아 후추값의 5분의 1에 지나지 않았어요. 베네치아는 시들었고 아시아의 부와 상품은 리스본으로 흘러들어 갔어요.

1510년, 포르투갈은 인도의 고아 지역을 식민지로 삼았어요. 포르투갈에서 파견한 총독이 고아를 다스렸지요. 고아는 유럽이 처음으로 아시아에 세운 식민지가 되었어요.

그 뒤, 포르투갈은 숨 가쁘게 해외로 뻗어 나갔어요. 1511년 향신료 무역의 중심지인 말라카를 점령하고, 1512년 후추보다 더 비싼 향신료인 정향과 육두구가 나는 말루쿠(몰루카) 제도에 상륙했어요. 1543년에는 일본에 상륙했으며, 1557년 이후에는 중국의 마카오를 빌려 통치하기 시작했어요. 1570년 무렵, 포르투갈은 인도양을 지배하며 해상 제국을 건설했지요.

리스본에서 고아로 가는 길은 '인도로 가는 길'이라는 이름이 붙여졌어요. 후추와 향신료, 사치품들은 페르시아 만이나 홍해, 지중해를 거치지 않고 포르투갈 선박에 의해 희망봉을 돌아서 대서양 쪽에 있는 유럽 여러 나라로 직접 들어오게 되었어요.

식민지 쟁탈전과 후추의 몰락

포르투갈은 후추 무역을 독차지했을 뿐 아니라 인도양의 길목에서 다른 나라 배에게 통행세를 물리는 횡포를 부렸어요. 그러자 네덜란드와 영국이 포르투갈을 공격하기 시작했어요. 해군력이 막강한 네덜란드가 자바 섬에서 포르투갈을 공격했어요. 네덜란드는 아시아 지역과의 무역을 위해 동인도 회사를 세웠어요. 동인도 회사는 이익을 위해서라면 어떤 야비한 것도 서슴지 않고 저질렀어요. 정향같이 아주 값비싼 향신료의 생산량이 남아돌면 정향나무를 불태워 버렸지요. 네덜란드는 1642년에 향신료 무역의 거점인 말라카를 빼앗아 포르투갈에 결정적인 타격을 주었어요. 네덜란드 동인도 회사는 지금의 자카르타에 근거지를 만들고 포르투갈을 내쫓았지요.

그리고 경쟁자였던 영국을 누르면서 향신료 무역을
독차지하는 데 성공했어요.
17세기 중엽에는 네덜란드가 황금시대를 맞이하게
되었지요. 영국의 동인도 회사도 네덜란드의 뒤를 이어
아시아 시장에 뛰어들었어요.
17~18세기에 후추는 영국과 네덜란드의 동인도 회사를
통해 어마어마한 양이 유럽으로 수입되었지요. 너무
많은 양이 수입되자 후추값이 뚝뚝 떨어져 버렸어요.

유럽의 식민지 쟁탈전

네덜란드와 영국은 후추로 큰 수익을 얻지 못하자
더 비싼 향신료인 육두구와 정향으로 눈을
돌렸어요. 두 나라는 육두구와 정향이 나는 말루쿠
제도를 두고 '향신료 전쟁'을 벌였지요. 1874년
영국이 동인도 회사를 없애고 인도를 빅토리아
여왕에게 바치면서 영토를 직접 지배하는 식민지
시대가 열렸어요. 아시아와 아프리카에 대한 유럽의
식민지 쟁탈전이 시작된 것이었지요.

후추가 바꾼 것

후추의 지위가 뚝 떨어진 걸 알려 주는 말이 있어요. 옛날에는 '후추처럼'이라는 말이 '값비싼'이라는 뜻으로 쓰였어요. 그러다가 '후추 집세'라는 말이 값싼 집세를 뜻하는 말이 되었어요.

영국과 네덜란드의 동인도 회사가 후추를 마구 수입한 결과, 후추는 싼값에 살 수 있는 흔한 향신료가 되었어요. 게다가 17세기 이래 유럽의 귀족과 부자들은 후추와 향신료로 범벅이 된 요리를 멀리하고 담백한 요리를 좋아하기 시작했어요. 유럽에서는 흔해 빠진 후추 대신 커피, 차, 초콜릿, 설탕 같은 것들이 인기를 끌기 시작했어요. 이 새로운 기호품이 후추와 향신료가 차지했던 역할을 대신하게 된 것이지요.

오늘날 후추는 식탁이나 부엌 구석을 조그맣게 차지하고 있습니다. 후추는 더 이상 환상적이지도, 비싸지도, 이국적이지도 않지요. 하지만 작은 후추 알갱이에 세계사의 흐름을 뒤바꾼 거대하고 복잡한 이야기가 숨어 있다는 사실을 잊지 마세요!

참고문헌

단행본

가이스 밀턴, 손원재 옮김, 『향료 전쟁』, 생각의 나무, 2002
강철구, 『우리 눈으로 보는 세계사』, 용의 숲, 2009
고수현 옮김, 『거인의 어깨 07 중세의 성과 봉건주의』, 아이세움, 2003
김성준, 『해양 탐험의 역사』, 신서원, 2007
김성준, 『배와 항해의 역사』, 혜안, 2010
김성준, 『영화로 읽는 바다의 역사』, 혜안 2003
김승호, 『맛살라 인디아』, 모시는사람들, 2008
김양미 옮김, 『거인의 어깨 08 대항해의 시대』, 아이세움, 2003
김태정 외, 『음식으로 본 동양 문화』, 대한교과서, 1997
노명환 외, 『서양 사람들은 어떻게 살았을까?』, 푸른역사, 2012
다니엘 J. 부어스틴, 이성범 옮김, 『발견자들 1, 2』, 범양사출판부, 1987
다니엘라 포르니, 권지현 옮김, 『탐험의 시대』, 사계절, 2006
레히 태너힐, 손경희 옮김, 『음식의 역사』, 우물이있는집, 2006
리더스 다이제스트, 『원시에서 현대까지 인류생활사』, 동아출판사, 1994
마귈론 투생 사마, 이덕환 옮김, 『먹거리의 역사 상·하』, 까치, 2002
마르코 폴로, 루스티켈로, 『동방견문록』, 서해문집, 2004
맛시모 몬타나리, 주경철 옮김, 『유럽의 음식 문화』, 새물결, 2001
박루니, 『저스트 고 인도』, 시공사, 2014
발 로스, 홍영분 옮김, 『지도를 만든 사람들』, 아침이슬, 2007
볼프강 쉬벨부쉬, 이병련·한운석 옮김, 『기호품의 역사』, 한마당, 2000
사이먼 애덤스, 이충호 옮김, 『지도로 만나는 탐험과 제국』, 대교출판, 2008
사이먼 애덤스, 이충호 옮김, 『지도로 만나는 중세 세계사』, 대교출판, 2007
시오노 나나미, 김석희 옮김, 『로마인 이야기 1, 2』, 한길사, 1995
아니 위베르 외, 노정규 옮김, 『향신료』, 창해, 2000
아일린 파워, 이종인 옮김, 『중세의 사람들』, 즐거운 상상, 2010
알란 클리네·세실리아 클리네, 원미선 옮김, 『고대 그리스 로마의 진기록들』, 물레, 2008
알베르토 안젤라, 주효숙 옮김, 『고대 로마인의 24시간』, 까치, 2012
양승윤 외, 『바다의 실크로드』, 청아출판사, 2003
어니스트 페일, 김성준 옮김, 『서양해운사』, 혜안, 2004
이리스 오리고, 남종국 옮김, 『프라토의 중세 상인』, 앨피, 2009
이영미, 『향신료』, 김영사, 2004
이옥순, 『인도에 미치다』, 김영사, 2007
장 마리 펠트, 김중현 옮김, 『향신료의 역사』, 좋은책만들기, 2005
장석훈 옮김, 『거인의 어깨 04 로마 제국과 로마인 이야기』, 아이세움, 2003
잭 터너, 정서진 옮김, 『스파이스』, 따비, 2012
전명윤·김영남, 『인도 네팔 100배 즐기기』, 랜덤하우스코리아, 2008
정한진, 『향신료 이야기』, 살림, 2006
제롬 카르코피노, 류재화 옮김, 『고대 로마의 일상생활』, 우물이있는집, 2003
제프리 버튼 러셀, 박태선 옮김, 『날조된 역사』, 모티브, 2004
조영헌, 『마주보는 세계사 교실 04 지구촌 시대가 열리다』, 웅진주니어, 2008

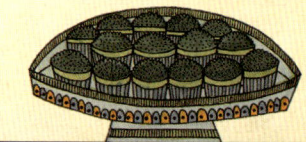

조홍국, 『한국과 동남아시아의 교류사』, 소나무, 2009
주경철, 『대항해 시대』, 서울대학교출판부, 2008
최일옥, 『부엌의 여왕』, 랜덤하우스코리아, 2008
최정동, 『로마 제국을 가다 1』, 한길사, 2007
최진열, 『마주보는 세계사 교실 02 비단길이 번영을 이끌다』, 웅진주니어, 2008
카를 빌헬름 베버, 윤진희 옮김, 『고대 로마의 밤문화』, 들녘, 2006
크리스토퍼 콜럼버스, 이종훈 옮김, 『콜럼버스 항해록』, 서해문집, 2004
타임라이프북스, 윤영호 옮김, 『로마, 세계의 정복자』, 가람기획, 2004
팀 맥니스, 이은선 옮김, 『놀랍다! 탐험과 항해의 세계사 02 콜럼버스와 아메리카 항해』, 생각의 나무, 2006
폴 프리드먼, 주민아 옮김, 『미각의 역사』, 21세기북스, 2009
프란체스코 다 모스토, 권오열 옮김, 『프란체스코의 베네치아』, 루비박스, 2007
프랜시스 메키너리 · 션 화이트, 신경립 옮김, 『부의 이동』, 거름, 2001
프랜시스 케이스, 박누리 옮김, 『죽기 전에 꼭 먹어야 할 세계 음식 재료 1001』, 마로니에북스, 2009
피터 하몬드, 홍성표 옮김, 『서양 중세의 음식과 축제』, 개신, 2003
허경희, 『인문학으로 떠나는 인도 여행』, 인문산책, 2010
해롤드 맥기, 이희건 옮김, 『음식과 요리』, 백년후, 2011
21세기 연구회, 홍성철 · 김주영 옮김, 『진짜 세계사 음식이 만든 역사』, 베스트홈, 2008
Brian Lavery, 『SHIP』, DK, 2004
J.H. 페리, 김성준 옮김, 『약탈의 역사』, 신서원, 1998
J.M. 로버츠, 김기협 등 옮김, 『히스토리카 세계사 1~10』, 이끌리오, 2007
The Times, 디자인하우스 옮김, 『Atlas of the World』, 디자인하우스, 2008
W. 버나드 칼슨 외, 남경태 등 옮김, 『말랑하고 쫀득한 세계사 이야기 1~3』, 푸른숲주니어, 2009

논문

남종국, 「16세기 지중해 향신료 무역」, 『서양중세사연구 26호』, 2010
남종국, 「4차 십자군과 베네치아의 경제 발전」, 『전북사학 32호』, 2008
남종국, 「중세 말 지중해 무역의 성격 변화」, 『Mediterranean review 8권 1호』, 2006
남종국, 「중세 말 유럽에서의 향신료」, 『서양중세사연구 24호』, 2009
정경란 · 장대자 · 양혜정 · 권대영, 「胡椒(호초) 이야기 : 胡椒(호초)는 반드시 후추인가?」, 『식품문화 한맛한얼 제2권 4호 통권 제8호』, 2009

비디오

「걸어서 세계 속으로, 께랄라 편」, KBS, 2008
「바다의 실크 로드 06 인도의 후추 해안」, KBS영상사업단, 1991
「세계 테마 기행, 세상의 모든 풍경 남인도 편」, EBS, 2009
「스파이스 루트 1, 2」, MBC프로덕션, 2008
「생로병사의 비밀, 자연이 내려 준 맛과 향의 비밀 향신료 편」, KBS미디어, 2008

글 김향금

서울에서 태어나 자랐습니다. 서울대학교에서 지리학과 국문학을
공부한 뒤, 같은 학교 대학원에서 고전문학을 공부했습니다.
『아무도 모를 거야 내가 누군지』, 『세상을 담은 그림, 지도』,
『누구나 세상의 중심이다』, 『어흥, 호랑이가 달린다』 등을 썼고,
'한국생활사박물관' 시리즈 중 일부를 만들었으며,
'우리알고 세계보고' 시리즈, '한국사탐험대' 시리즈 등을
기획하고 집필했습니다.

그림 이선주

충청남도 천안에서 태어나 자랐습니다. 중앙대학교와 같은 학교 대학원에서
서양화를 공부했고, 책을 좋아하여 책에 그림을 그리는 작가가 되었습니다.
그림책 『누군가 걸어가요』를 쓰고 그렸으며, 『꽃신』, 『자청비』, 『수수께끼 ㄱㄴㄷ』,
『신라 사람들의 꿈 불국사』, 『용이 된 선묘 낭자』, 『길가메시의 모험』,
『우리를 잊지 마세요』 등 다양한 그림책과 교양서에 그림을 그렸습니다.

웅진주니어

세계사를 바꾼 향신료의 왕 후추

초판 1쇄 발행 2015년 3월 25일 | 초판 13쇄 발행 2024년 1월 24일
글 김향금 | 그림 이선주

발행인 이봉주 | 도서개발실장 안경숙 | 편집인 이화정 | 책임편집 최민정 | 디자인 map.ing 이소영 | 마케팅 정지운, 박현아, 원숙영, 신희용, 김지윤, 황지영 | 제작 신홍섭
펴낸곳 ㈜웅진씽크빅 | 주소 경기도 파주시 회동길 20 (우)10881
문의전화 031)956-7403(편집), 031)956-7069, 7569, 7570(마케팅)
홈페이지 www.wjjunior.co.kr | 블로그 blog.naver.com/wj_junior | 페이스북 facebook.com/wjbook | 트위터 @new_wjr | 인스타그램 @woongjin_junior
출판신고 1980년 3월 29일 제 406-2007-00046호 | 제조국 대한민국
ⓒ 김향금, 이선주 2015 | ISBN 978-89-01-16670-4 74900 | 978-89-01-05727-9(세트)

웅진주니어는 ㈜웅진씽크빅의 유아·아동·청소년 도서 브랜드입니다.
저작권자와 맺은 특약에 따라 검인을 생략합니다. 이 책은 저작권법에 따라 보호받는 저작물이므로 무단 전재와 무단 복제를 금지하며,
이 책 내용의 전부 또는 일부를 이용하려면 반드시 저작권자와 ㈜웅진씽크빅의 서면 동의를 받아야 합니다.

잘못된 책은 바꾸어 드립니다.
주의1. 책 모서리가 날카로워 다칠 수 있으니 사람을 향해 던지거나 떨어뜨리지 마십시오. 2. 보관시 직사광선이나 습기찬 곳을 피해 주십시오.
웅진주니어는 환경을 위해 콩기름 잉크를 사용합니다.